OBSERVATIONS

Sur la Nécessité de doubler le nombre des Députés, et de déclarer éligibles les Membres des Collèges électoraux :

Sur celle d'une nouvelle Répartition de la Contribution foncière, comme seul moyen d'accorder aux Départemens surchargés, les dégrèvemens auxquels ils ont droit, sans porter atteinte à la loi des Elections ; et enfin sur la Réorganisation des Perceptions ;

Par Mathieu SUBERBIE.

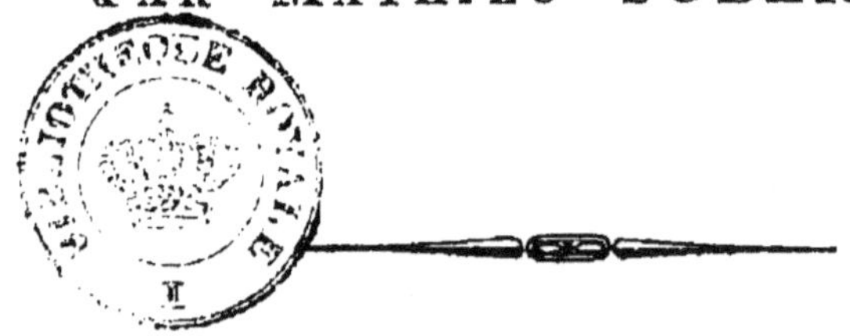

PARIS,

Imprimerie PORTHMANN, rue Ste.-Anne, N°. 43.

1819.

OBSERVATIONS

Sur la Nécessité de doubler le nombre des Députés, et de déclarer éligibles les Membres des Colléges électoraux ; sur celle d'une nouvelle Répartition de la Contribution foncière , comme seul moyen d'accorder aux Départemens surchargés les dégrèvemens auxquels ils ont droit , sans porter atteinte à la loi des Elections ; et enfin sur la Réorganisation des Perceptions.

Les plaintes générales et les opérations du cadastre parcellaire ayant démontré sans réplique que trente-cinq départemens payent en contribution foncière du quart au septième de leur revenu net , et vingt-un , le huitième ; tandis que les trente autres ne payent que du neuvième au quinzième , il fut ordonné au Ministre des Finances par la loi du 15 mai 1818, de présenter à la session actuelle des Chambres, un nouveau projet de répartition entre les départemens, basé

1..

sur les résultats déjà obtenus par le cadastre, les baux et les actes de ventes.

Lors donc que le public attendait avec impatience une répartition plus juste , M. le Ministre des Finances est venu annoncer qu'on n'a pu l'exécuter , et qu'on tâchera d'accorder quelque diminution aux départemens les plus surchargés, lorsque les besoins du Trésor le permettront.

Mais depuis vingt ans, on nous promet la diminution des impôts et des réformes ; et depuis vingt ans, on n'a cessé non-seulement d'augmenter ceux qui existaient déjà , mais encore de rétablir les *Gabelles* , en les perfectionnant sous le nom de droits réunis, et les *corvées* , sous prétexte de réparer les chemins vicinaux.

Son Excellence a cependant fait distribuer aux Chambres un tableau qui semble rendre facile cette répartition , et d'où il résulte que les revenus imposables des départemens , s'élèvent , d'après les opérations du cadastre , à. . . . . 1,325,157,000 fr.

D'après les baux à. . . 1,334,834,000

D'après les actes de ventes à. 1,297,215,000

Total des trois revenus. 3,957,206,000 fr.

Terme moyen des trois revenus, ou revenu net imposable, ci.   1,319,068,666 fr.
Contribution foncière,
en principal, pour 1819.   168,758,000 fr.

Proportion du princi-
pal de la contribution
foncière, avec le revenu
net, ci. 1/8

C'est là un taux moyen auquel sont déjà
fixés, comme je l'ai dit, vingt-un départemens. Mais quelles disproportions l'on
aperçoit entre tous les autres. . . . . Celui
de la Gironde ne paye que le douzième de
son revenu, tandis que celui de la Seine paye
le quart du sien. Le Var, l'Arriége, l'Ar-
dèche, Vaucluse, et les Bouches-du-Rhône,
ne payent qu'environ le quinzième, pendant
que les Basses-Alpes, la Corrèze, l'Avey-
ron et le Loiret payent le cinquième, c'est-
à-dire, trois fois plus. L'Ain, les Basses-Py-
rénées, le Haut-Rhin, les Côtes-du-Nord,
les Vosges, la Haute-Loire, la Seine-Inférieure, le Pas-de-Calais et la Lozère, ne
payent que du onzième au douzième ; tandis que Seine-et-Oise, la Marne, la Mayenne,
la Charente, Eure-et-Loir, Indre-et-Loire,

Lot-et-Garonne, la Seine-Inférieure, la Haute-Garonne, l'Hérault, etc., payent le sixième, c'est-à-dire, le double. Ainsi, puisqu'on est parvenu à réunir le revenu net des particuliers, communes et départemens, d'après des bases aussi solides, pourquoi ne pas s'en servir maintenant pour une nouvelle répartition de la contribution foncière entre les départemens, communes et particuliers? Les discussions de la Chambre nous l'ont appris. Après avoir changé la proposition royale, en rejetant vingt-un millions des contributions directes (excepté les patentes) sur les impôts indirects, sous prétexte qu'ils produisent plus qu'on n'espérait, on suspend les travaux du cadastre, et l'on décrète qu'il sera opéré successivement chaque année de semblables changemens..... Or, s'il ne faut que ce prétexte pour remplacer entièrement la contribution foncière par des droits sur les consommations, ainsi que plusieurs députés en ont témoigné le désir aux séances des 15 février, 7 avril et 26 juin, on n'aura qu'à préparer les choses de manière à ce que les impôts sur le sel, l'huile, le tabac, les boissons et les loteries, produisent de plus en plus ; qui sait même s'il ne conviendra pas d'imposer le pain et l'eau ; tandis que le 5 avril, la Chambre passa unanimement à l'ordre du jour sur la pétition d'un citoyen de la Charente-Inférieure, qui proposait une taxe sur les chiens de chasse, les chevaux de luxe, voitures, laquais, vins fins, etc.

Quand on suit avec réflexion l'esprit qui dirige un grand nombre de députés, l'on voit qu'ils cherchent à nous ramener à ce bon temps, où la petite propriété et l'industrie payaient seules des contributions ; tandis que les possesseurs de riches domaines s'en exemptaient et obtenaient exclusivement les emplois lucratifs et les pensions. Qu'on ne dise pas que j'exagère : je vais citer des faits.

Les contributions foncière, personnelle et mobilière, portes et fenêtres et patentes, furent fixées en 1815, tant en principal que centimes additionnels, à 349,442,748 francs, et la Chambre des députés vient de les réduire, pour 1819, à 323,329,000 fr. ; tandis que les impôts sur les sels, huiles, tabacs, boissons, loteries, douanes, enregistrement, postes, etc., n'étaient en 1814 que de 278,000,000 fr., et qu'ils s'élèvent pour 1819 à 541,135,000 fr. M. de Villèle a même proposé de rejeter 5o millions de plus des contributions foncière et mobilière sur les impôts indirects. Ainsi, au lieu de supprimer quelques-unes de ces exactions du despotisme impérial, et d'en modifier quelques autres, afin de les rendre supportables à des hommes libres, ainsi que l'avaient solennellement promis nos Princes lors de leur retour en France ; on diminue de 26 millions les contributions assises sur les richesses de la propriété, et l'on augmente de 263 millions les impôts qui frappent sur les consommations du peuple et l'industrie, en maintenant contre le vœu général un mode vexatoire de perception. On cite l'Angleterre, comme si les impôts d'un pays dont les richesses sont commerciales, pouvaient être appliqués à celui dont elles sont territoriales.

Pendant qu'on en agit ainsi pour la répartition des impôts, on a avancé sans contradiction, aux séances des 2 et 3 juin; que les riches seuls doivent obtenir les emplois, et que l'égalité des droits, reconnue par la Charte, ne consiste pas à les obtenir, mais seulement à y être admissible : et l'expérience ne nous le démontre que trop journellement.

Le 2 février, la chambre passa à l'ordre du

jour sur la pétition des malheureux habitans de Sargines, qui se plaignaient que les riches propriétaires les forcent à réparer, *par corvées*, les chemins vicinaux, que les riches seuls dégradent, en exploitant leurs vastes domaines; et le 8, elle accueillit avec empressement celle d'un négociant de Toulouse, qui demandait l'augmentation des prix des grains, si chers depuis plusieurs années, et qui n'ont fait que redescendre à leur ancien taux.

On prodigue les sueurs du peuple à des états-majors sans fonctions, à des Vendéens sans titres, à des évêques et archevêques, en sus du traitement fixé par la loi, à des préfectures dispendieuses, et enfin, à une foule d'emplois inutiles, parce que les abus sont profitables aux familles de ceux qui devraient les détruire; et l'on rejette du budjet un misérable article de deux millions, que le Gouvernement demandait pour secours et ateliers de charité en faveur des indigens. C'est là qu'il fallait citer l'Angleterre, dont le budjet comprend 60 millions tous les ans pour ses pauvres !

Des députés, chargés de revendiquer les libertés nationales, repoussent de toutes leurs forces les lois semi-libérales que le Gouvernement leur présente, telles que celles des élections, du recrutement et de la presse. S'il s'agit du droit de pétition consacré par la Charte, M de Courvoisier s'écrie dans la séance du 20 janvier, que, loin d'ouvrir quelque voie aux plaintes du peuple, il faut 1 i fermer tout accès à la Chambre ; si quelque généreux député élève sa voix pour la justice, d'autres l'accusent de vouloir se populariser, et lui en font un crime ; si les mandans réclament la fin des exils prononcés sans jugemens par la vengeance des partis, leurs mandataires les traitent de factieux ; s'ils désirent une administration plus libérale et moins coûteuse, ce sont des désorganisateurs ; s'ils veulent se mêler de l'emploi des impôts qu'ils paient, on leur répond qu'ils sont des brouillons ; s'ils demandent le départ de régimens étrangers, ruineux, inutiles et humilians, on leur dit que ces mercenaires sont meilleurs Français qu'eux ; enfin, s'ils se réunissent pour révoquer de tels mandataires, ceux-ci les dénoncent comme des conspirateurs.

Ce contre-sens dans la conduite de la Chambre nationale, provient naturellement de celui de sa composition. D'après les tableaux publiés par le Gouvernement , et les discussions qui eurent lieu aux Chambres , lorsqu'on rendit la loi des élections , on voit qu'il y a en France 86,000 contribuables de 300 fr. à 1000 , qui payent. .   80,000,000 f. et 15,800 de 1000 fr. et au-

dessus, qui payent 53,000,000

Ensemble. 133,000,000

Ainsi les contribuables au-dessous de 300 fr. doivent payer 190,000,000

Pour compléter le montant des contributions directes , qui est de. 323,000,000

« On peut donc admettre que les contri-
» buables de 300 à 1000 fr. possèdent un
» quart de la propriété ; que ceux de 1000 f.
» et au-dessus en possèdent un sixième , et
» que les contribuables au-dessous de 300 f.
» en possèdent près des deux tiers. »

Puisque la noblesse et la grande propriété étaient représentées par la Chambre des Pairs, il ne fallait pas priver trente millions de Français possédant les deux tiers du royaume , de tous les droits politiques , et forcer les

colléges électoraux à choisir les représentans de la Nation parmi les quinze mille
plus riches propriétaires de France , presque tous nobles et ayant des prétentions et
des intérêts diamétralement opposés à l'é-
galité des droits reconnue par la Charte. Il
en résulte que les intérêts de quelques-uns
sont représentés par deux Chambres, l'une
héréditaire, et l'autre élective , et que les intérêts de la Nation ne le sont point. Entre
une trop grande démocratie et une double
olygarchie, les colléges électoraux offrent
un juste milieu. On calcule que tous les électeurs payent l'un dans l'autre 1300 f. de contributions directes chacun. Ils présentent
donc une garantie suffisante pour leur lais-
ser la liberté d'étendre leurs choix parmi
les membres des colléges électoraux , qui
ne sont, dans tout le Royaume, qu'au nombre de cent mille. Certes , ce n'est pas
trop d'éligibles sur trente millions d'habitans. C'est dans ces cent mille principaux
propriétaires du Royaume, et non dans quinze
mille privilégiés insatiables , qu'existent la
moyenne, la véritable propriété, l'intérêt au
maintien de la Charte et de la Dynastie qui
nous l'a donnée ; c'est dans cette classe de

propriétaires que sont les lumières, le commerce, les sciences, les arts, la force, l'opinion publique, et en un mot, tous les moyens de prospérité nationale. Il paraît, d'ailleurs, juste et naturel, que celui qui a le droit de se choisir un mandataire pour gérer ses affaires, ait celui de les gérer lui-même, s'il le juge plus avantageux.

En Angleterre, où l'on compte quinze millions d'habitans, la Chambre élective est composée de six cents membres, et la Chambre héréditaire de quatre cents. Les mêmes proportions à peu près sont observées dans tous les pays où il y a des Chambres représentatives. On admet à la Chambre élective les hommes dans la vigueur de l'âge, afin que les talens et le génie puissent se former à la tribune politique, aux conceptions utiles, au maniement des affaires de l'Etat, et prendre, au besoin, des résolutions courageuses dans l'intérêt et la gloire de la Patrie. On les indemnise de leurs frais de voyage et de présence pendant les sessions, et ils ne peuvent remplir en même temps les honorables fonctions de représentans de la Nation et d'agens salariés du Gouvernement.

En France, c'est tout le contraire. Une

population de trente millions d'habitans, possédant un territoire de 3oo lieues carrées, et payant un milliard d'impôts, n'a que deux cent cinquante députés; tandis que la Chambre héréditaire se compose de près de trois cents pairs. Ceux-ci, qui représentent la noblesse et la grande propriété, sont salariés par la Nation, et les représentans de cette même Nation sont obligés de servir à leurs frais. Les Pairs, à qui l'on soumet les résolutions des Députés, sont jeunes, et les Députés qui devaient représenter l'opinion et la force nationales, sont des vieillards qui employent le présent à regretter le passé, et à rêver sur l'avenir. Presque tous ces Députés sont en même temps fonctionnaires publics : en sorte que les Ministres ont pour adversaires de leurs prétentions , et pour accusateurs , en cas de trahison, des subordonnés qu'ils salarient et qu'ils révoquent, quand ils osent parler pour la justice : témoin M. Dupont de l'Eure et autres. Et quand ce sont les citoyens qui se plaignent à la Chambre d'actes arbitraires contre les autorités (et cela n'arrive que trop souvent), ils sont juges et parties. Enfin, les Représentans, qui devraient supprimer les emplois et les dépenses inutiles, afin de diminuer les impôts, sont précisément ceux qui occupent ces emplois, et profitent de ces dépenses.

Il résulte de cette composition de la Chambre des Députés, que la Nation n'a qu'un simulacre de représentation, à l'aide duquel les Ministres rejettent sur elle-même la levée des impôts que, seuls, ils n'eussent jamais osé demander, et la perpétuité des abus qu'ils auraient été obligés de supprimer.

Le Roi, qui veut le bonheur de la France, avait rendu une Ordonnance le 13 juillet 1815, pour constituer la représentation sur des bases plus convenables. Mais cela n'a pas convenu aux Ministres, et les choses en sont restées là: On assure même que Leurs Excellences se trouvent si bien de leur système, qu'elles travaillent sans cesse à faire nommer à la Chambre des Députés le plus possible de fonctionnaires. Revenons aux impôts.

Avant la révolution, nous payions la dîme, la taille, le vingtième et les corvées, qui équivalaient à peu près au cinquième du revenu foncier ; tandis qu'aujourd'hui, si l'on procédait à une nouvelle répartition de la contribution foncière, personne ne payerait plus de huitième. Pourquoi donc, après avoir gardé le silence pendant vingt-huit ans, sous dix gouvernemens différens, venir abuser du pouvoir pour se décharger du fardeau sur les malheureux déjà si accablés, et privés du droit de se défendre ?.... Si l'on a cru le ministère actuel moins juste ou plus faible que le précédent, comment n'a-t-on pas craint d'offenser le cœur paternel du Roi, en le supposant capable d'approuver tant d'égoïsme et d'inhumanité ?

D'un autre côté, si les dégrèvemens sont légers, ils seront insignifians pour Paris, qui a droit à une réduction de moitié, et pour tant d'autres départemens qui ont droit à celle du tiers ou du quart ; surtout si l'on y fait participer, comme cette année, les départemens peu imposés. Alors on n'établira jamais l'égalité proportionnelle entre les départemens, et peut-être n'en veut-on point, afin de conserver des prétextes de dégrèvement.

Les députés des départemens à demi-imposés allèguent pour toute raison que les disproportions apparentes viennent de ce que les estimations n'ont pas été faites d'après les mêmes bases, et qu'elles n'existent pas réellement. Mais il est prouvé par les actes de

ventes, les baux et les rôles des contributions, que des propriétés acquises dans les
départemens qui payent le sixième de leur
revenu, et dans ceux qui payent le douzième,
pour des sommes égales, y donnent un revenu égal, et payent cependant le double
de contributions dans ceux du sixième, que
dans ceux du douzième. Il n'y a pas là d'es-
timation arbitraire ; ce sont des faits authen-
tiques contre lesquels on n'a rien à répliquer.

Disons-le franchement; les obstacles à une
répartition égale viennent : 1°. de ce que les
départemens qui ne payent que le douzième
de leurs revenus, seraient obligés de sup-
porter les dégrèvemens de ceux qui payent
le sixième du leur, et que les députés des
premiers abusent de leur majorité pour l'em-
pêcher ; 2°. de ce qu'on préfère se décharger
sur les objets de consommation qui frappent
sur le petit propriétaire et l'artisan ; 3°. du
désir qu'on a de saper la loi des élections ;
4°. de la faiblesse ou de la collusion du ministère.

Après avoir échoué dans ses attaques directes contre la loi des élections, la noblesse
revient à la charge par des voies obliques.
Que sur la proposition de M. Barthélemi,

on eût décrété qu'à l'avenir il faudrait payer 600 fr. de contributions directes, au lieu de 3oo fr., pour être électeur, et 2000 fr., au lieu de 1000 fr., pour être éligible ; ou que sur celle de M. de Villèle, on réduise les contributions directes à moitié, cela revient au même ; avec cette différence que le dernier moyen est plus dangereux, en ce qu'on nous le présente sous l'enveloppe de la diminution des contributions directes. Mais lorsqu'on fait attention qu'on transporte cette diminution sur nos impôts indirects, et que ce changement n'a d'autre résultat que de nous enlever nos droits politiques, nous ne pouvons qu'être indignés de pareilles manœuvres.

Quand le Roi jugea dans sa sagesse que 3oo fr. de contributions directes offraient une garantie suffisante pour être électeur, il savait qu'ils représentaient une fortune d'environ 4o mille francs. Ce n'est donc pas en glissant des amendemens dans les budgets, qu'on peut détruire nos lois organiques, surtout lorsqu'une proposition ayant le même but, a été rejetée dans la session. Pourquoi les ministres, si difficiles à admettre les amendemens qui ne leur conviennent pas, sous prétexte qu'ils portent atteinte à l'initiative royale, n'ont-ils rien dit contre celui-ci, qui l'usurpe réellement ? Auraient-ils déjà oublié qu'ils doivent leurs places à leur opposition aux changemens que l'oligarchie voulait faire à la loi des élections ? Si après avoir réduit les impôts indirects au moins sur le pied de 1815, on peut diminuer les contributions directes, rien de mieux. Mais alors on devra diminuer en proportion les cotes actuellement exigées pour être électeur et éligible, puisque les contribuables conserveront la même garantie de fortune que l'Auteur de la Charte a voulue.

En proportionnant les sept millions du dégrèvement opéré par la Chambre des Députés, aux 135 millions de contribution foncière que payent les trente-cinq départemens surchargés, on voit que la diminution est d'un vingtième. Le dégrèvement de 14 millions répartis aux 287 millions des contribution foncière, portes et fenêtres, de tous les départemens indistinctement, revient à peu près à un autre vingtième; en sorte que dans trente-cinq départemens la réduction est d'un dixième ; par conséquent tous les électeurs jusqu'à 330 fr., s'y trouvent exclus des

colléges électoraux, et dans tous les autres départemens où la réduction n'est que
d'un vingtième, ils sont exclus jusqu'à 315
francs ; et si l'on avait adopté l'amende-
ment de M. de Villèle, il ne resterait que
ceux qui payent 400 f. Je demande si ce n'est
pas là détruire la Charte et la loi des élections? Comment se fait-il donc que personne
ne s'y soit opposé? Si les colléges électoraux
nomment encore des nobles et des fonctionnaires, dans trois ans il n'y aura d'autres
électeurs que les quinze mille éligibles d'aujourd'hui.

Si l'on m'objectait qu'en réduisant au huitième du revenu , par une nouvelle répartition , ceux qui ne sont électeurs que parce
qu'ils payent le quart ou le sixième , ils se
trouveront également privés de leurs droits;
je répondrai qu'en transportant le dégrèvement des départemens surchargés , dans
ceux qui ne payent pas ce qu'ils doivent , on
y transporte en même temps de nouveaux
électeurs , et qu'ainsi la loi trouve compen-
sation. Par le moyen de cette répartition,
on ne verra plus qu'en vertu de la même loi,
on soit électeur à Paris avec 1200 fr. de revenu , tandis qu'on ne l'est à Bordeaux qu'a-

vec 3,600 fr. ; qu'il n'en faille que 1800 à
Rouen, Orléans, Toulouse, etc., pendant
qu'on en exige 3,600 à Marseille, Nantes,
Avignon, etc., etc. On ne verra pas non
plus, par suite de ces inégalités, des départemens contenant à peu près la même éten-
due et la même population, avoir les uns
1864 électeurs, et les autres 320 ; d'où il résulte les choix les plus disparates. Les contributions seront partout proportionnées au
revenu ; et, lorsque dans les transactions
particulières, comme dans les élections, un
propriétaire justifiera qu'il paye telle somme
de contributions directes, on saura de suite
quel degré de garantie il offre sous ce rap-
port.

· Quand cette répartition sera faite, il fau-
dra enfin réorganiser la perception. Dans les
impôts indirects, les vexations qu'entraînent
les visites domiciliaires, sont incompatibles
avec la liberté accordée par la Charte. Dans
les contributions directes, les percepteurs
sont en général beaucoup trop payés. Le
député qui a dit que dans son département
les mieux traités n'ont que 1,000 fr., a sans
doute oublié que, depuis leur création, on
a ajouté aux recettes des contributions pu-
bliques, celles des revenus communaux ; ou

peut-être a-t-il obtenu plusieurs de ces places pour ses amis. Mais moi j'affirme que dans le département des Hautes-Pyrénées et autres, plusieurs percepteurs dont l'arrondissement se compose de quatre ou cinq communes rurales renfermées dans un espace d'une lieue et demie carrée, ont 2000 fr., et presque tous les autres 15 à 1600 francs. N'est-il pas scandaleux de voir de pareils salaires attachés à des places qui n'exigent d'autres connaissances qne de savoir lire et écrire, ce qui fait que souvent elles sont remplies par des domestiques ; places qui n'exigent aucune dépense, ni presque d'autres vacations que les dimanches, et qui sont à vie ; tandis que les juges de première instance et les conseillers de préfecture, qui ont consumé leur fortune et leur vie à l'étude des lois, qui sont obligés de résider dans les villes, et de s'y maintenir dans un rang bien au-dessus des percepteurs de village, et enfin qui sont livrés jour et nuit aux travaux les plus difficiles, n'ont que 1200 fr. Le despote payait grassement les agens qui lui procuraient de l'argent et des hommes, et il livrait au besoin et au mépris les magistrats qui rendent la justice au peuple. Si le Gouvernement a le droit de nommer les percepteurs, il n'a pas celui de les engraisser aux dépens des contribuables, en leur accordant 5 centimes par franc en sus des contributions dues à l'Etat. Cet abus a donné lieu à un autre. Les employés des préfectures et les protégés de MM. les préfets (que je citerai au besoin), obtiennent les places de percepteurs ainsi payées, et les font ensuite exploiter à moitié profit par des *quidams* qui vexent les contribuables. Les titulaires qui quelquefois résident fort loin du pays, se font ainsi des rentes de 800 fr. à 1000 fr. sans sortir de chez eux.

Lorsque sur la proposition de M. le député Fallatieu, tendante à réduire les remises des perceptions à deux centimes, M'. le Ministre des finances a répondu qu'il ne pouvait pas prévoir cette proposition, et qu'il s'en occuperait pour la session prochaine, il n'était pas excusable ; parce que depuis plusieurs années on réclame cette réduction, et qu'à la dernière session, la Chambre lui renvoya plusieurs pétitions relatives à cet objet. Si l'on rendait aux communes le droit de perception usurpé par Bonaparte, elles en seraient quittes, comme autrefois, pour deux centimes par franc, et pourraient offrir au Gouvernement la même garantie que les percepteurs.

De plus, les receveurs généraux ont un délai de dix-huit mois pour solder, et les contribuables sont écrasés de frais, s'ils sont en retard seulement de quinze jours. Pourquoi tant d'ntervalle entre les versemens ? Est-ce pour soumettre les contribuables en retard de quinze jours aux usures des percepteurs, et faire bénéficier les receveurs généraux ? Cette réorganisation deviendra encore plus indispensable par la nouvelle répartition des contributions directes , parce que s'il y a des percepteurs qui ne soient pas trop payés dans les départemens qu'on dégrèvera du tiers, ils se 'rouveraient trop réduits par la diminution des recettes ; tandis que ceux qui jouissent déjà d'un traitement exorbitant dans les départemens dont les contributions seront augmentées, verraient ce même traitement s'accroître de plus en plus par l'augmentation des recettes.

Il résulte de ce qui précède qu'il faut enfin ,

1°. Conformément à l'ordonnance royale du 13 juillet 1815, doubler au moins le nombre des députés, et déclarer éligibles les membres des colléges électoraux ; accorder aux députés une indemnité de voyage et de présence aux sessions ; rendre incompatibles

les augustes fonctions de représentant de la Nation , avec celle d'agent salarié par le Gouvernement, et faire participer les Chambres à l'initiative des lois.

2°. Reviser les pensions, afin de rejeter celles qui ne sont pas fondées sur les services exigés par les lois et justifiés par des pièces légales ; supprimer un tiers des emplois comme inutiles et réduire d'un autre tiers les traitemens conservés, excepté ceux des juges de paix et de première instance , ceux des conseillers des Cours royales et de cassation , et ceux des conseillers de préfecture.

3°. Supprimer les loteries et réduire les impôts sur les consommations, au moins sur le pied où les avait établis le despote.

Procéder cette année à une nouvelle répartition de la contribution foncière, d'après les résultats du cadastre , les baux et les actes de vente : attendu que c'est le meilleur moyen de rendre cette contribution modérée et égale entre tous les départemens ; ce qui perfectionnerait la loi des élections, au lieu de la détruire par des dégrèvemens ; et si la réduction des dépenses permet ensuite de la diminuer, de baisser en propor-

tion les cotes actuellement exigées pour
exercer les droits politiques, puisque les contribuables conserveront la même garantie de
fortune que l'a voulu l'auteur de la Charte.

4°. Remplacer par d'autres moyens les visites domiciliaires, que les employés des impôts
indirects se permettent de faire chez les citoyens ; réorganiser les perceptions des contributions directes , de manière que les contribuables ne payent jamais plus de deux
centimes par franc, et que les traitemens des
percepteurs des campagnes ne dépassent
600 fr. , et ceux des villes au-dessous de dix
mille ames, 1,200 fr. ; qu'il soit accordé aux
contribuables un délai de trois mois pour
s'acquitter , et que les receveurs généraux
soient tenus de verser au Trésor dans les
trois mois suivans.

5°. Dans le cas où les ministres résisteront
encore aux vœux de la Nation qui réclame
ces améliorations , faire présenter des adres-
ses au Roi, par des députations ; afin de
supplier S. M. de vouloir bien les ordonner
pour la prospérité de la France et du trône.